COMO DORMIR MELHOR

BEATRIZ LÓPEZ LUENGO
CARLA URIARTE CHÁVARRI

DICAS PARA COMBATER A INSÔNIA

BEATRIZ LÓPEZ LUENGO
CARLA URIARTE CHÁVARRI

COMO DORMIR MELHOR

DICAS PARA COMBATER A INSÔNIA

MADRAS

Publicado originalmente em espanhol sob o título *Cómo Dormir Mejor — Claves para Combatir el insomnio*, por Editorial Arguval.
© Editorial Arguval.
Direitos de edição e tradução para todos os países de língua portuguesa.
Tradução autorizada do espanhol.
© 2007, Madras Editora Ltda.

Editor:
Wagner Veneziani Costa

Produção e Capa:
Equipe Técnica Madras

Ilustrações:
Luis Ojeda

Tradução:
Iná de Carvalho

Revisão:
Denise R. Camargo
Arlete Genari

CIP-BRASIL. CATALOGAÇÃO-NA-FONTE
SINDICATO NACIONAL DOS EDITORES DE LIVROS, RJ

L857c
López Luengo, Beatriz – Como dormir melhor : dicas para combater a insônia / Beatriz López Luengo, Carla Uriante Chávarri ; tradução Ina Carvalho ; ilustrações Luis Ojeda. - São Paulo : Madras, 2007.
il.
Tradução de: Cómo dormir mejor : chaves para comatir el insomnio
ISBN 978-85-370-0203-2
1. Insônia. 2. Insônia - Tratamento. I. Título.
07-0565.
CDD: 616.8498
CDU: 616.8-009.836.14
22.02.07   27.02.07   000573

Proibida a reprodução total ou parcial desta obra, de qualquer forma ou por qualquer meio eletrônico, mecânico, inclusive por meio de processos xerográficos, incluindo ainda o uso da internet, sem a permissão expressa da Madras Editora, na pessoa de seu editor (Lei nº 9.610, de 19.2.98).

Todos os direitos desta edição, em língua portuguesa, reservados pela

MADRAS EDITORA LTDA.
Rua Paulo Gonçalves, 88 — Santana
CEP: 02403-020 — São Paulo/SP
Caixa Postal: 12299 — CEP: 02013-970 — SP
Tel.: (11) 6281-5555/6959-1127 — Fax: (11) 6959-3090
www.madras.com.br

Dedicatória

*À minha mãe e a meus irmãos,
Alberto e Ângelo, por nosso lindo despertar.*

*À minha mãe, que me ensinou a dormir. A Javier,
que compartilha dos meus sonhos.*

ÍNDICE

Introdução 11
1. Dizer que Tenho "Insônia" é o Mesmo que Dizer "Esta Noite não Consegui Dormir"? 13
2. Você Sofre de Insônia? Se não Tem Certeza, Responda ao nosso Questionário 19
3. Quando a Insônia Deixa de Ser Algo Engraçado, o que Acontece com 23

    3.1.... a nossa mente? 24
    3.2.... o nosso comportamento? 25
    3.3.... a nossa saúde? 27

4. A Aventura Cotidiana do Sono. Uma Viagem ao Lar de Morfeu 29

    4.1. Durante o sono não paramos! Conheça suas fases 30
    4.2. Não é totalmente certo que com a idade sofremos mais de insônia 33
    4.3. O dormir também conhece razões 35

5. Quem é Quem no Mundo dos Notívagos Involuntários:
Insônia para Todos os Gostos 37
    5.1. Insônias primárias: As de toda a vida 38

    A psicofisiológica 38
    A subjetiva 38

A idiopática 39
5.2. Insônias secundárias: problemas de sono
por causa de 39

... alterações mentais 39
... problemas médicos 40
... consumo de álcool e outras substâncias 40
... diversos fatores ao nosso redor 40
... alterações respiratórias induzidas pelo sono 41
... alterações do movimento 41
... alterações do ritmo circadiano 41
... parainsônia: as primas irmãs 42

6. Estratégias Úteis para que a Insônia não Tire o
seu Sono 43
6.1. O que pode lhe ajudar a ser como a Bela
Adormecida? 44

Aprenda a relaxar 44
Faça exercícios 47
Vigie sua alimentação 50
O que fazer com as drogas sociais 53
Mas onde você dorme? Controle o ruído, a luz,
a temperatura e o colchão 53
6.2. Condutas que Afastam Morfeu: Diga Adeus
aos Hábitos Incorretos de Sono 61

Controle de estímulos 61
Mantenha um horário regular 64

Nunca "tente" dormir 66
Antes de ir para a cama, não se esqueça
dos rituais 67
Tenha um tempo para se desconectar 68

6.3. Não deixe que os pensamentos joguem males
   passados em você 69
Já é hora de mudar suas crenças e atitudes para
com o sono 71
Se não deixar de pensar nas coisas, não espere
dormir 75
6.4. Isso serve para todos os tipos de insônia? .. 77
6.5 Alguns casos que merecem especial atenção 79

Insônia de domingo à noite 79
Dormir durante o dia e trabalhar à noite ou
mudar de turno 81
Vai ou vem? O *jet-lag* 84

7. Não se aflija. Se tudo falhou, procure um
profissional! 87

7.1. Tratamento farmacológico? Somente com
prescrição médica. Diga Não à automedicação! ... 89
7.2. Cronoterapia: não é coisa de crianças nem
de "curiosos" 91
7.3. Fototerapia, ou fazer com que o dia seja
mais dia 93
7.4. Hospitais da noite: As Unidades do Sono 94

INTRODUÇÃO

São 10 da noite e você acaba de chegar em casa depois de um intenso dia de trabalho. Você nota o peso do cansaço acumulado ao longo de toda a jornada. Você toma um banho de água quente... que prazer! Pouco a pouco, vai se desconectando das preocupações do dia. Seu corpo começa a relaxar. Quando acaba o banho, passa um creme hidratante, põe o pijama e aproveita para fazer alguns exercícios de alongamento.

Às 11h, está ceando. Como sempre, algo leve: uma sopa e uma salada de macarrão. Para finalizar, um copo de leite. Você se deita diante do televisor e decide continuar vendo um filme em DVD. O ambiente da sala é muito agradável: luz suave, temperatura adequada...

À meia-noite, suas pálpebras começam a fechar. É o momento de ir dormir. Você escova os dentes e se deita na cama. Dez minutos depois, já está nos braços de Morfeu. Bons sonhos!

Você se identifica com a história que acaba de ler? Se o que contamos está distante da sua realidade, ânimo! Este livro foi escrito pensando em você.

Se não tem problemas para dormir, também recomendamos que o leia. Pode lhe servir para orientar as pessoas que conhece e que os tenham. Geralmente, aqueles que dormem bem sabem que o fazem, mas não como conseguem. Aqui, nós lhe damos informações de como isso *acontece. Além disso, mais vale prevenir que remediar. Nunca se sabe se em algum momento poderemos ter dificuldades com nosso sono.*

CAPÍTULO 1

Dizer que "Tenho Insônia" é o Mesmo que Dizer "Esta Noite Não Consegui Dormir"?

PARA RESPONDER A ESSA pergunta, primeiro temos de saber o que queremos dizer quando utilizamos a palavra "insônia". Parece ser algo que se tem ou não se tem. Mas, amigo, nada está mais longe da verdade! Essa palavra, que para alguns é sinônimo de inferno, esconde uma variedade de queixas que podem estar relacionadas com a **quantidade de tempo** que dormimos, a **qualidade do sono** ou **em que condições nos encontramos no dia seguinte** para enfrentar os desafios diários.

Além disso, devemos ter em mente que não existe uma insônia, mas várias. Deitar-se e não conseguir conciliar o sono nem ir atrás do salto da ovelhinha número mil (*insônia de início*) não é o mesmo que dormir placidamente para despertar no decorrer da noite durante um sem-número de vezes, virando para lá e para cá (*insônia de manutenção*). Pode ocorrer que comecemos bem o sono, sigamos a noite sem problemas e que nos encontremos de olhos abertos antes do desejado, sem jeito de voltar a dormir, sendo que só nos resta esperar pacientemente que amanheça (*insônia de última hora*).

Voltando à pergunta inicial, sobre se *ter insônia é o mesmo que não dormir uma noite*, podemos dizer que NÃO. Dormir mal uma noite, mesmo que horrivelmente mal, não quer dizer que se tenha insônia, mas simplesmente que dormimos mal uma noite. Geralmente, considera-se que, para se "caracterizar" como insônia, esses problemas têm de se dar, no mínimo, três noites em uma mesma semana. Logo, em função de quantas noites não podemos dormir, há diferentes tipos de insônia. Se os problemas para dormir têm se apresentado durante menos de um mês, o que está havendo é uma insônia transitória. Costuma ser provocada por uma situação concreta que, ao ser solucionada, a dificuldade para dormir desaparece.

Vejamos um exemplo: segundo a Fundação Nacional do Sono dos Estados Unidos, depois dos ataques terroristas contra as Torres Gêmeas de Nova York, 69% dos norte-americanos afirmaram ter sofrido algum tipo de insônia. Embora a maioria dessas pessoas tenha voltado a dormir bem quando o susto passou, algumas se acostumaram a dormir mal e tiveram dificuldade durante um período mais longo.

Não é necessário que um edifício desmorone ou que haja um terremoto para que aconteça o mesmo com você. Basta perder o emprego, discutir com sua companheira ou ter problemas para os quais não encontre solução. Definitivamente, trata-se de assuntos que, como bem diz a expressão, "nos tiram o sono".

Às vezes começamos a dormir mal por uma preocupação determinada, mas "aprendemos", ou nos acostumamos, a dormir mal e a dificuldade se mantém. Se durar de um a seis meses, a insônia se chama "de curto prazo" (ainda que, para a pessoa que leva cinco meses sem pregar olho, pareça uma eternidade).

Finalmente, quem tem insônia "das boas" é aquele que continua com o problema por mais de seis meses. A ela dá-se o nome de *insônia crônica*, simplesmente.

Para saber se não dormir é um problema, o importante é ver até que ponto isso afeta suas relações sociais, profissionais e o seu bem-estar psicológico. Se realmente considera que dorme mal, sua companheira o abandona por se sentir pouco escutada entre os seus bocejos, no trabalho seus companheiros lhe dão um antiolheiras junto com este livro, sente que o cansaço é seu estado natural e além disso está farto dos seus problemas de sono, pode considerar que você merece, com direito adquirido, o título de insone.

CAPÍTULO 2

*Você Sofre de Insônia? Se Não Tem
Certeza, Responda
ao Nosso Questionário.*

PARA AVERIGUAR SE VOCÊ tem insônia e de que tipo ela é, leia atentamente cada uma das perguntas e marque somente uma resposta no quadrinho da direita (para responder, pense no seu *último mês*).

1. Como tem sido a qualidade do seu sono?
1. Muito boa ☐
2. Razoavelmente boa ☐
3. Ruim ☐
4. Muito ruim ☐

2. Uma vez que se decidiu a dormir, aproximadamente de quantos minutos necessitou para cair no sono?

1. 0 – 20 min. ☐
2. 21 – 30 min. ☐
3. 31 – 60 min. ☐
4. Mais de 60 min. ☐

3. Durante os últimos 30 dias, quantas vezes despertou em cada noite?

1. Nenhuma ☐
2. 1 – 3 vezes ☐

3. 4 – 5 vezes ☐
4. Mais de 5 vezes ☐

4. Quantas horas dormiu realmente em cada noite, sem contar o tempo que esteve acordado?
1. 8 horas ☐
2. 6 – 7 horas ☐
3. 5 – 6 horas ☐
4. Menos de 5 horas ☐

5. Durante o mês passado, sentiu sono durante o dia?
1. Nunca ☐
2. Um pouco ☐
3. Bastante ☐
4. Todo o tempo ☐

6. Quantas vezes teve de tomar algum produto para poder dormir que não precisa de receita médica (infusões, preparados de homeopatia, extratos de ervas, etc.)?
1. Nunca ☐
2. 1 – 7 vezes ☐
3. 8 – 20 vezes ☐
4. Mais de 20 vezes ☐

7. No mês passado, quantas vezes tomou medicamentos para dormir que necessitam de receita médica?
1. Nunca ☐
2. 1 – 7 vezes ☐

3. 8 – 20 vezes ☐
4. Mais de 20 vezes ☐

Tendo terminado de ler e marcado somente uma opção para cada frase, some os pontos que correspondem aos números da esquerda.

De 7 a 9: Parabéns! Você não sofre de insônia.

De 9 a 14: Você pode estar com alguns problemas para dormir, mas trata-se de uma insônia leve.

De 14 a 21: Parece que você tem uma insônia moderada. Leia atentamente a parte de estratégias úteis para dormir e, principalmente, comece a mudar seus hábitos!

De 21 a 28: Você tem uma insônia severa. Realmente está passando muito mal. Ponha em prática as recomendações que apresentamos neste livro e, se mesmo assim não adiantar, lembre-se de que existem bons profissionais que podem lhe ajudar.

CAPÍTULO 3

Quando a Insônia Deixa de Ser Algo Engraçado, o que Acontece com...

3.1. ... a nossa mente?

Sentir-se "miserável" costuma ser um dos primeiros efeitos que aparecem ao se dormir mal. Quando é noite e parece que o resto da humanidade está dormindo, não poder dormir gera irritação e mal-estar psicológico, sem contar com o nervosismo provocado por pensamentos do tipo: "Meu Deus! Amanhã vou morrer..." e o que quer dizer "morrer", não vai acontecer, mas aí é que podem aparecer problemas.

Embora muitas pessoas que tenham uma péssima noite não notem nenhum mal-estar, algumas se tornam irritadas e têm a sensação de estarem tensas durante todo o dia. Tornam-se mais lentas e seus reflexos diminuem, com o conseqüente perigo ao dirigirem e realizarem outras atividades de risco. Também podem se sentir tristes e como se tudo estivesse fora do seu controle.

Não é recomendável pôr à prova nossa inteligência se não temos dormido, já que nos tornamos mais lerdos para fazer operações aritméticas. Além disso, os níveis de atenção costumam deixar bastante a desejar. Também é freqüente aparecerem problemas que exijam que nos lembremos de coisas passadas. Por exemplo: se você dorme mal, não estranhe que se esqueça, enquanto marca um número de telefone, com quem estava falando ou onde deixou as chaves, dois minutos depois de entrar em casa.

3.2. ... o nosso comportamento?

Se, quando não dormimos, nossa memória falha, o tempo de reação diminui e somos menos capazes de manter a atenção, parece fácil entender que nosso rendimento, em geral, diminuirá. Por isso, se estiver passando por uma má fase com o sono, sugerimos que não realize atividades de risco. Evite dirigir, subir em andaimes, trabalhar com máquinas pesadas, praticar alpinismo e tudo que possa significar riscos para você ou para sua família.

No caso de não poder deixar de fazer alguma dessas tarefas, ao menos tenha em mente que, ao contrário do que possa lhe dizer a lógica, à medida que avança o dia, vamos nos sentindo melhor, sendo as primeiras horas da manhã o período em que o rendimento fica mais afetado.

Outros problemas derivados da falta de sono podem ser as cabeceadas no meio de uma conversa, os bocejos diante do apaixonante relato das doenças do colega e, definitivamente, todas as manifestações extremas de sonolência. Esperamos que não tenha sofrido a tortura de ter a um metro de distância uma pessoa tagarelando, enquanto seus olhos se fechavam contra a sua vontade e o pescoço parecia estar envolto em borracha, na busca involuntária de uma "cabeceadinha" inoportuna.

3.3. ... a nossa saúde?

Uma das maiores preocupações que provoca a insônia são suas conseqüências em nossa saúde. A maioria dos problemas físicos que aparecem costumam ser psciossomáticos, ou seja, sintomas físicos que têm como base um mal-estar emocional ou ansiedade, tal como ocorre nas cefaléias tensionais, complicações gastrintestinais, dores e doenças não específicas ou alergias.

Não se pode perder de vista que, assim como o estresse, a falta de sono afeta o sistema imunológico, que nos protege das enfermidades.

Como conclusão sobre o que ocorre quando se dorme mal, temos de nos lembrar que tudo isso junto pode dar lugar a problemas no trabalho, pois diminui o rendimento; também ocasiona problemas na vida social e, em geral, diminui a qualidade de vida, o que não devemos permitir, já que o Brasil é um país que propicia uma boa qualidade de vida.

CAPÍTULO 4

A Aventura Cotidiana do Sono. Uma Viagem ao Lar de Morfeu.

4.1. Durante o sono não paramos! Conheça suas fases.

Já se perguntou alguma vez o que acontece no seu corpo e na sua mente enquanto dorme?

Eles não param. Isso foi descoberto quando um cientista norte-americano quis testar um aparelho para medir ondas cerebrais que acabava de trazer da oficina. A única coisa que lhe ocorreu foi conectá-lo em

seu filho que, como dormia, não ia perceber. Para sua surpresa, o aparelho ficou louco. Primeiro, o cientista pensou que o tivessem enganado com o conserto, mas continuou investigando, até que descobriu que essa atividade agitada do cérebro registrada pelo aparelho coincidia com os momentos em que seu filho sonhava, e que acontece no que hoje se conhece como sono MOR (sigla de *Movimentos Oculares Rápidos*, mais conhecido com sua sigla em inglês, REM).

No entanto, estamos começando a casa pelo telhado, já que essa é a última fase do sono. Vamos por partes. O sono pode ser dividido em dois estados distintos: sono tranqüilo e sono ativo.

Dentro do *estado tranqüilo*, há várias fases que vão desde o sono mais leve ao mais profundo, coincidindo com a atividade das ondas cerebrais, as quais se medem de forma simples, utilizando-se o eletroencefalograma.

Podemos falar de quatro fases do "sono tranqüilo". A primeira denomina-se *fase 1*. Nessa fase, na qual estamos adormecidos, o ritmo respiratório diminui e as ondas cerebrais se tornam mais lentas, assumindo um padrão irregular. É quando podemos ter visões ou a sensação de que vamos cair, de flutuarmos ou de perdermos o equilíbrio.

À medida que permanecemos adormecidos, entramos na *fase 2*, que costuma durar uns 20 minutos. As ondas cerebrais produzidas nessa fase se caracterizam por surgirem como explosões de atividade rápida e rítmica. Os movimentos na cama, as falas sem nexo, gritos ou monólogos costumeiramente acontecem nessa fase.

A *fase 3* é de transição e dura alguns minutos. É quando começam a aparecer as ondas cerebrais características da fase seguinte. As ondas da *fase 4* chamam-se delta. Essa fase dura aproximadamente meia hora e é quando estamos profundamente adormecidos. Se você não ouve o despertador quando sonha, o mais provável é que esteja nessa fase.

Talvez você pense que tudo acabe aqui, mas não é assim. Dormir é cíclico, o que significa que não permanecemos tranqüilamente na fase 4, pois, passada uma meia hora, a atividade do cérebro se modifica, voltando às fases anteriores (3 e 2).

A partir daqui, começamos a entrar no *sono ativo*, que recebe o nome de *fase MOR* e que corresponde ao outro estado do sono que falávamos no princípio. Nessa fase, nossas ondas cerebrais tornam-se mais rápidas, o ritmo cardíaco aumenta, a respiração acelera, tornando-se irregular, e a cada meio minuto, mais ou menos, os olhos giram muito rápido por trás das pálpebras. Enquanto isso ocorre, os outros músculos do corpo permanecem totalmente relaxados; por isso se chama "sono paradoxo".

Por que nessa fase não nos movemos, apesar de os nossos olhos não pararem de fazê-lo? Porque embora o cérebro acredite que está desperto e mande os mesmos sinais aos músculos para que se movam, eles receberam previamente ordens de outra parte do cérebro que os avisa que as ordens são "de mentirinha" e não devem ser obedecidas. Graças a isso, ficamos quietinhos na cama e evitamos o perigo que implicaria agirmos do mesmo modo que fazemos em sonhos.

4.2. Não é totalmente certo que com a idade sofremos mais de insônia.

Sobre a idade e o sono há opiniões de todo tipo. Antes, acreditava-se que as pessoas mais velhas precisavam dormir mais. Atualmente, existe a crença de que quanto mais velhos ficamos, menos dormimos. Os dados parecem indicar que essas duas afirmações não são de todo verdadeiras.

A partir dos 20 anos, a duração do sono se estabiliza. Com a idade, o que muda é o *padrão* do sono, ou seja, dormimos a mesma quantidade, mas de maneira diferente. O hormônio do crescimento está relacionado com o sono. Uma pessoa mais velha não necessita muito do hormônio de crescimento, por isso seu sono é muito menos profundo: a fase 4, do sono profundo, diminui bastante. Isso significa que o menor ruído a desperta com mais facilidade. Em conseqüência, à medida que uma pessoa envelhece, o sono é mais fragmentado: uma pessoa de 60 anos desperta em média 22 vezes por noite, enquanto um jovem, umas dez vezes, independentemente de que se lembrem ou não.

Embora haja mais queixas relacionadas à insônia de pessoas maiores de 65 anos que nas de 18 a 34, a idade não é o único fator que pode explicar esses dados. Há muitas variáveis que podem favorecer a insônia, as quais aparecem com maior freqüência quando somos mais velhos. Isso acontece com determinadas enfermidades, tais como a artrite, mudanças ambientais (que afetam as pessoas mais velhas), medicamentos com efeitos colaterais que influem no sono e alguns estados psicológicos como a ansiedade ou a depressão, entre outros.

Com relação à idade, e passando a outro extremo, é importante ressaltar que a insônia também pode aparecer em crianças. Embora não costumem falar de modo tão direto quanto os adultos, elas mostram por meio de manhas, chiliques à hora de ir para a cama e/ou vigílias prolongadas e choro durante a noite. Geralmente esses problemas costumam desaparecer com o final da adolescência.

4.3. O dormir também conhece razões.

Embora pareça incrível, ainda não está muito claro para que serve dormir. É verdade! Apesar de há séculos se desenvolverem discussões filosóficas sobre o ato de dormir, e décadas de intensa investigação científica, não se tem muito claras quais são suas funções.

Sendo assim, como os humanos têm a curiosa necessidade de explicar tudo, não vamos deixá-lo sem uma justificativa. Há duas teorias principais em torno desse fenômeno: a do repouso e a da recuperação. Enquanto a *teoria do repouso* apóia a idéia de que dormir serve para descansar e poupar energia, a *teoria da recuperação* postula que durante o dia vamos ficando sem energia, o que provoca uma destruição dos tecidos de tal forma, que dormir teria a missão de atuar como "o momento reparador" em que o corpo descansa, enquanto os tecidos se restauram e se reconstroem.

CAPÍTULO 5

Quem é Quem no Mundo dos Notívagos Involuntários: Insônia para Todos os Gostos.

HÁ DOIS TIPOS PRINCIPAIS de insônia: a insônia primária, ou seja, propriamente dita, que constitui uma alteração em si mesma, e a insônia secundária, que é conseqüência de algo. Examinemos cada uma delas.

5.1. Insônias primárias: as de toda a vida.

a. A psicofisiológica

A insônia psicofisiológica inicia-se quando os problemas "tiram o sono", e se mantém porque a pessoa aprende que não pode dormir, relacionando coisas com a hora de dormir: a cama ou o ursinho de pelúcia, com a impossibilidade de dormir e a angústia, em vez de relacioná-los com o sono. Dessa maneira, o problema da insônia persiste, ainda que a causa que o originou tenha sido solucionada.

b. A subjetiva

A insônia subjetiva refere-se aos casos em que a pessoa se queixa de dormir mal e de sofrer no dia seguinte os efeitos da insônia, porém, quando a máquina do sono (que mede a atividade elétrica do cérebro quando dormimos) lhe é conectada, observa-se que sua linha de sono é normal. Isso não significa necessariamente que ela esteja mentindo ou que queira chamar a atenção: ela acredita que dorme mal.

c. A idiopática

Inicia-se na infância e permanece na idade adulta. As pessoas que sofrem desse tipo de insônia não sabem o que é dormir à vontade, já que durante toda a sua vida tiveram problemas para conciliar o sono. Logicamente, não estando acostumadas a dormir bem, sentem que a insônia não interfere tanto em suas vidas, como acontece nas das pessoas em que ela aparece de repente.

5.2. *Insônias secundárias: problemas de sono por causa de...*

A insônia pode ser decorrente de várias razões. Vejamos algumas:
- Alterações mentais: Há algumas alterações mentais que podem contribuir para que pessoas que as sofrem tenham problemas de insônia, como ocorre com os distúrbios do estado de ânimo (depressivo) ou a ansiedade. Além disso, há ocasiões em que o medicamento usado para tratar a alteração mental provoca insônia como efeito colateral.

• Problemas médicos: As enfermidades que geram dor costumam ser acompanhadas de problemas de insônia: lombalgia, artrite, osteoporose, cefaléias e câncer são bons exemplos. Outras doenças que se relacionam à insônia são a insuficiência cardíaca congestiva, enfermidade pulmonar crônica, problemas endócrinos e doenças renais.

• Consumo de álcool e outras substâncias: Embora se costume apresentar o álcool como um meio para dormir e esquecer as dores, isso não é de todo verdadeiro. O álcool pode provocar sonolência, mas ao mesmo tempo altera os ciclos já descritos, fazendo com que o sono seja menos efetivo (fragmentado). Também há outras substâncias, como os estimulantes (cafeína ou anfetaminas), que interferem no sono.

• Diversos fatores ao nosso redor: Uma temperatura excessivamente alta, um colchão incômodo ou o barulho da rua são exemplos de coisas que nos rodeiam e que podem provocar problemas no sono.

- Alterações respiratórias induzidas pelo sono: Há alterações, como a apnéia do sono, que fazem com que a pessoa deixe de respirar durante vários segundos enquanto dorme. Isso é acompanhado de grandes roncos, quando se volta a inspirar, e de um sono agitado.
- Alterações do movimento: Existem alterações realmente incômodas que podem dificultar o sono. Por exemplo: na *síndrome das pernas inquietas* tem-se uma incômoda sensação de mal-estar nas panturrilhas, junto com um impulso irresistível de mexer as pernas. Também pode acontecer nos braços e nas mãos.
- Alterações do ritmo circadiano: O ciclo de vigília-sono pode ser afetado por vários motivos:

•mudanças de fusos horários, ao se viajar de avião. Os problemas de sono gerados por elas são conhecidos como *jet-lag*;

- mudanças na hora de deitar, devido a turnos rotativos no trabalho;
- maus hábitos para dormir, como fazer sestas de três horas ou aproveitar o fim de semana para deitar às sete da manhã e levantar no domingo às três da tarde;
- pela *síndrome da fase atrasada do sono*. As pessoas que sofrem dessa síndrome não têm sono até bem tarde da noite. Isso não é problema, se o seu trabalho lhe permite dormir até o meio-dia, mas, se não for o seu caso, você pode se transformar em alguém com olheiras permanentes;
- pela síndrome contrária, ou seja, a *síndrome da fase adiantada*, na qual a sonolência se faz muito intensa cedo da noite.
- Parainsônia: sonambulismo, terrores noturnos, pesadelos, movimentos rítmicos, como bater com a cabeça ou mexer-se durante o sono, englobam-se na chamada parainsônia e podem provocar insônia.

CAPÍTULO 6

*Estratégias Úteis para que
a Insônia Não Tire o seu Sono.*

6.1. O que pode lhe ajudar a ser como a Bela Adormecida?

a. Aprenda a relaxar

Se ao longo do dia você acumula tensão e ao chegar a noite não consegue reduzi-la... seria um milagre se dormisse bem! Caso isso lhe ocorra habitualmente, é preciso aprender a relaxar.

Há alguns exercícios que se pode praticar e que não requerem muito tempo. Consiste em fazer **alongamento dos músculos do corpo**. Um exemplo seria o seguinte:

"Abaixe a cabeça até que o queixo toque o peito e gire-a para a esquerda, até o queixo tocar o ombro. Mova a cabeça em círculo para trás, passando pelo ombro direito, até completar uma volta. Repita, no sentido contrário."

Esses movimentos costumam ser suficientes para conseguirmos relaxar, mas, quando a tensão acumulada é muita, às vezes é necessário tentar outras técnicas. Uma delas é a *respiração abdominal*.

É um dos métodos de relaxamento mais fácil. À primeira vista, parece tão simples, que talvez você considere desnecessário praticá-lo. Nada mais longe da realidade! Esse tipo de respiração tem de se transformar em algo automático. Para conseguir isso, você **deve praticá-lo diariamente por 20 minutos**, durante pelo menos duas semanas.

A forma de fazer a respiração abdominal é a seguinte:

1º – **Deite-se de costas**, procurando uma posição confortável. **Feche os olhos** e solte os músculos.

2º – **Respire de forma pausada e natural**. Observe o ritmo e a profundidade da sua respiração. Quando tiver consciência do ritmo, comece a respirar mais com o abdômen do que com o tórax. Para comprovar se está fazendo corretamente, coloque uma mão sobre o abdômen e a outra sobre o peito, e sinta como o abdômen sobe e desce, enquanto o peito permanece quieto. Não se trata de respirar mais rápido ou mais devagar, mas simplesmente de fazê-lo tal como o faria normalmente, mas sempre com o abdômen.

3º – Quando conseguir praticar esse tipo de respiração sem nenhum incômodo, introduza uma pequena variação. Depois de cada saída de ar, **tente reter a respiração durante dois segundos**, centrando-se na respiração anterior e analisando-a.

4º – Quando dominar essa técnica, o passo seguinte é **sentir como o ar que sai pelo nariz toca o lábio superior**, ou senti-lo dentro do nariz, e notar como ele entra e sai (o ar sempre deve entrar e sair pelo nariz).

5º – Uma vez encontrado esse ponto em que sente a respiração, sinta como o ar entra fresco e sai quente. Depois de cada inspiração, faça uma pausa de dois segundos; faça outra, depois de expirar.

Enquanto pratica a respiração abdominal, pode acontecer de alguns pensamentos tentarem atrair a sua atenção. Se isso ocorrer, não tente evitá-los, pois de nada adiantaria... eles sempre voltam! Em vez disso, pegue o pensamento e imagine que o está escrevendo em um pedaço de papel. Em seguida, idealize que tem um balão. Enrole esse papel com o pensamento nele escrito, coloque-o dentro do balão e solte-o.

Cada vez que soltar o ar, observe como o balão sobe. Quando estiver suficientemente alto, voando pelo céu, centre novamente sua atenção na respiração e continue concentrando-se em como o ar entra e sai dos seus pulmões.

Se sentir que sua mente está demasiado cheia para se concentrar bem na respiração abdominal, pode ser que o ajude **repetir mentalmente uma palavra relaxante** de duas sílabas. Quando inspirar o ar, diga mentalmente a primeira sílaba da palavra, e a segunda quando o expirar. Por exemplo: FE-LIZ.

Embora qualquer palavra possa ser utilizada, recomendamos que não use a palavra "calma". Por alguma razão, ela costuma nos deixar mais tensos. Alguns termos que podem ser de utilidade são "voar", "soltar"... Ocorre-lhe alguma outra?

Esse exercício deve ser feito em um lugar com temperatura agradável, que proporcione intimidade, calma e onde você não seja importunado. Regra de ouro: *não tenha pressa*.

b. Faça exercícios

Você faz exercícios de forma regular? A resposta a essa pergunta é importante, principalmente se responder afirmativamente à questão seguinte: você tem problemas de sono? Se sua resposta for "sim", e você não fizer exercícios regularmente, leia detalhadamente o que colocamos a seguir.

Em geral, **a prática de exercícios de forma regular ajuda a conciliar o sono** e contribui para que ele seja mais reparador. É importante o momento do dia em que e de que forma façamos exercícios? Sim. A seguir, damos uma série de conselhos que devem ser levados em conta:

•Nem todos os momentos do dia são adequados para o esporte. Se for praticado poucas horas antes de dormir, possivelmente a pessoa estará ainda mais ativa e, se forem feitos pela manhã, seu efeito no sono será mínimo, porque, quando ela quiser ir se deitar, já terá passado muito tempo. **O melhor momento para fazer exercícios é no meio da tarde ou quando começa a anoitecer**.

A intensidade do exercício deve ser levada em consideração. É provável que exercícios intensos alterem o sono, se esgotarem a pessoa.

•Fazer exercícios só pode ajudar uma pessoa se sua **atitude para com eles for positiva**. Se encará-los como algo imposto e não estiver nada motivada, seus problemas de sono não só não melhorarão como também, muito provavelmente, vão piorar.

Se você é uma pessoa que habitualmente não faz exercícios, o mais lógico é que comece a praticá-los agora. Sabe por que fazer exercícios funciona? É possível que, se o explicarmos, custe-lhe menos começar imediatamente.

Os exercícios em si não somente melhoram a qualidade do sono como também **aumentam a temperatura corporal**. E o que isso tem a ver com o sono?

A temperatura corporal varia durante o dia. Vai aumentando ao longo da manhã, alcança o nível máximo no meio da tarde e cai à noite. Dessa forma, a diminuição da temperatura do corpo está associada com o dormir.

Seguindo esse raciocínio, se algumas horas antes de dormir aumentarmos a temperatura do nosso corpo, a queda posterior será maior, o que contribuirá para que durmamos melhor. Quanto mais baixa a temperatura, mais profundo e constante será o sono.

O que podemos fazer para que a temperatura corporal aumente? Uma das formas é com exercícios (tomar um banho de água quente também pode ajudar).

Se você compreendeu como atua o mecanismo, entenderá também que, se fizer exercícios logo antes de ir para a cama, terá mais trabalho para permanecer adormecido. Evidentemente, uma queda de temperatura corporal indica ao corpo que é hora de dormir, mas tenha em mente que é necessário tempo para que esse aumento de temperatura provocado pelos exercícios diminua... e isso pode chegar a demorar até seis horas! Portanto, se fizer exercícios, atente que seja **pelo menos três horas antes de ir para a cama**.

c. Vigie sua alimentação

Independentemente de haver alimentos que favorecem ou prejudicam o sono, a dieta alimentar repercute na sua qualidade. Se ela for pobre em vitaminas, minerais e outras substâncias nutritivas, afetará negativamente o seu sono.

Vejamos algumas considerações sobre a alimentação:

- Existe a crença errônea de que comer muito à noite ajuda a dormir. Nada mais longe da realidade! **A refeição deve ser leve**, pois, se for completa, ativa o sistema digestivo e isso interfere no sono.
- **Evite alimentos demasiado gordurosos e picantes**, já que podem provocar acidez estomacal, causam dificuldades para conciliar o sono e incômodos durante toda a noite.
- Se não conseguir evitar um jantar farto, então deixe passar ao menos duas horas antes de se deitar.
- Embora não seja bom jantar muito, o contrário tampouco é a solução. **Evite dormir com fome**.
- Cuidado com as dietas de baixas calorias! Fazem que o sono seja curto e fragmentado.
- Em relação às vitaminas e minerais que afetam o sono, as que estão comprometidas de forma mais direta são as vitaminas B3 (nos cereais integrais, nas nozes, nos cogumelos...) e B6 (no gérmen de trigo, nas batatas, nos frutos secos...), o cálcio (nos laticínios, nas amêndoas...) e o magnésio (nos cereais integrais, nos frutos secos, na acelga).
- Se não quer acordar para urinar, **evite beber muito líquido ao anoitecer**. Isso pode fazer com que você tenha problemas para reiniciar o sono. Cuide de esvaziar a bexiga antes de se deitar.

•**Tomar um copo de leite à noite pode ajudar a conciliar o sono** porque ele contém um aminoácido, o triptófano, que parece ser um bom indutor do sono.

•**O excesso de sal pode provocar alterações no sono** ao elevar a pressão sangüínea pelo aumento do acúmulo de líquidos e obstruir a eliminação de certos resíduos do metabolismo.

•Os alimentos ricos em hidratos de carbono favorecem o sono (cereais e derivados, açúcar, batatas...), enquanto os ricos em proteínas aumentam a vigília (ovos, carnes, pescados...).

•Lembre-se que entre os **alimentos aliados do sono** estão os produtos lácteos, as frutas, os cereais integrais, o arroz, as batatas, a sêmola, os pães, as verduras e hortaliças e os legumes. Entre os **inimigos do sono** estão os farináceos, os açúcares refinados (caramelos, tortas...), o café, as bebidas de cola, o álcool, as comidas gordurosas, as frituras, os alimentos salgados e os condimentos fortes.

d. O que fazer com as drogas sociais

Você é daqueles que gostam de tomar uma xícara de café à tarde, acompanhada de um cigarrinho? Toma uma pequena xícara, depois de jantar, enquanto assiste à televisão? O café, o fumo e o álcool afetam a qualidade do sono. Por isso, esta seção é dedicada a eles.

e. Mas onde você dorme? Controle o ruído, a luz, a temperatura e o colchão

Imagine-se dormindo em um quarto com uma pessoa que ronca. Pela janela entra a luz dos postes da rua. Faz frio porque a temperatura está a 6ºC e a calefação não funciona. Como você dormiria? Mal, certo? Raro seria o contrário.

Há diferentes fatores ambientais, tais como o ruído, a intensidade da luz ou a temperatura do quarto, que podem interferir na qualidade do sono. Isso afeta a todas as pessoas por igual: enquanto algumas podem se adaptar praticamente a qualquer ambiente para dormir, outras apresentam insônia transitória, quando estão em um ambiente que não lhes é familiar.

1. A CAFEÍNA

A cafeína é um estimulante, o que significa que pode mantê-lo acordado. Embora os produtos com cafeína permaneçam no corpo por volta de três a cinco horas, em algumas pessoas o efeito pode durar até mais de doze.

A cafeína alcança efeito máximo duas horas depois de ingerida e perdura por sete horas. Portanto, **o consumo de cafeína deve cessar pelo menos seis horas antes de se deitar**, sobretudo se tiver insônia, porque é possível que você seja especialmente sensível à cafeína.

Que produtos contêm cafeína? O café, o chá-mate, as bebidas de cola e o chocolate. Conhece algum outro? Se você tem problemas com o sono, não seria demais ler os rótulos dos produtos que consome, para averiguar se contêm cafeína, teína ou outros excitantes. Há alimentos, refrescos ou remédios que contêm essas substâncias, porém desconhecemos quais sejam. Você sabia que muitos antigripais contêm cafeína para eliminar os sintomas próprios da gripe?

2. A NICOTINA

Freqüentemente, fumo e insônia caminham de mãos dadas. **A nicotina pode mantê-lo acordado** porque é um estimulante como a cafeína.

Fumar quando se aproxima a hora de dormir pode perturbar o sono e fazer com que você acorde várias vezes durante a noite. Há algumas coisas sobre a nicotina que você deve saber:

• Se for fumante habitual e decidir deixar o hábito, no princípio o sono vai piorar, mas logo melhorará.

• Embora o ideal seja deixar de fumar, no caso de não conseguir, **reduza a quantidade de cigarros nas horas próximas ao seu horário de deitar**.

• Se acordar no meio da noite, **evite fumar**.

• **Fumar pode provocar congestão e inflamação nas vias respiratórias**. Isso pode fazer com que o fluxo de ar fique obstruído, causando problemas similares aos de apnéia do sono.

3. O ÁLCOOL

Como o álcool tem efeitos sedativos, algumas pessoas o tomam antes de ir para a cama, para ajudá-las a relaxar e a adormecer. Se tiver esse costume, o melhor é começar a deixá-lo. É certo que o álcool pode ajudar a dormir, mas também **causa mais interrupções do sono ao longo da noite**.

Para os bebedores sociais ou para aqueles que tomam um copo ocasionalmente à noite, o melhor conselho é **evitar o álcool seis horas antes de se deitar**.

1. O BARULHO

O barulho de uma criança chorando, do ronco de quem compartilha a cama ou do tráfego da rua pode atrasar o início do sono ou provocar despertares. O limiar para despertar varia com a idade de tal forma que, quando envelhecemos, é mais fácil que os barulhos do ambiente nos acordem.

O que podemos fazer quando dormimos em um lugar onde é inevitável que haja barulho? Existem várias alternativas. Vejamos algumas delas:

•**Isolar o quarto**.

•Se não for possível, **os tampões de ouvidos** podem reduzir significativamente o nível do barulho.

•Se não quiser usá-los, o **barulho de fundo** de um ventilador ou de um rádio (com um volume muito baixo) ajuda a mascarar ruídos mais invasivos.

•Um quarto com bastante mobília amortiza mais os sons que outro pouco mobiliado.

2. A TEMPERATURA

O que é melhor: dormir em um quarto frio ou em um quentinho? O que você prefere: dormir em um lugar no qual faz frio ou em um onde faz calor?

Embora não haja uma temperatura ideal para todo mundo, a exposição a temperaturas extremas interfere no sono normal. Um quarto quente (acima dos 24ºC) aumenta os despertares noturnos, provoca mais movimentos corporais e geralmente piora a qualidade do sono, enquanto uma diminuição da temperatura para abaixo dos 12ºC provoca sonos mais agitados e desagradáveis.

Em geral, é possível **regular a temperatura do lugar onde dormimos**. Em um quarto quente, o uso do ar-condicionado ou de ventiladores pode ser uma solução. Em um ambiente frio, aquecedores e cobertores são de grande utilidade. Quando faz frio, dormir com meias ¾ ajuda. Há quem as considere pouco estéticas, mas já se sabe: "Viva eu quente e ria-se a gente".

3. A LUZ

Condições de excessiva luminosidade dificultam o sono praticamente de qualquer pessoa. Prova disso é a alta incidência de distúrbios do sono entre as pessoas que, devido ao seu trabalho, têm de dormir durante o dia.

É importante certificar-se de que o quarto esteja totalmente às escuras, com persianas ou venezianas que evitem a entrada da luz do dia pela janela. A colocação estratégica de cortinas ou a troca da iluminação de lustres pela de abajures pode reduzir a luz indesejada, em alguns casos.

4. A CAMA

Um colchão que não seja confortável pode alterar o sono. Vejamos algumas idéias interessantes sobre o colchão e a cama:

•Seu colchão é desigual? Afunda para os lados ou para o meio? Está muito acabado? Se algumas dessas coisas são o problema, talvez tenha chegado o momento de comprar um novo (**recomenda-se trocar de colchão a cada 10 anos.**). Além disso, para que dure todo esse tempo, lembre-se de que ele deve ser virado a cada três meses.

•Embora a sua consistência costume ser uma questão de preferência pessoal, um colchão duro demais pode ocasionar dificuldades para dormir em pessoas que sofrem de artrite, enquanto outro, demasiadamente macio, pode ser desaconselhável para pessoas com dores na coluna (nesse caso, pode-se adaptar um colchão muito macio, colocando-se uma tábua sob ele).

•A escolha do colchão também depende se a pessoa dorme de lado, de costas ou de bruços. Disso resultará a sua comodidade (por exemplo: um colchão de látex garante o descanso a pessoas que dormem de lado).

•**O estrado deve ser resistente**, para evitar que as pessoas que dormem nele se desloquem para o centro da cama.

•A cama deve ser pelo menos 15 centímetros mais comprida que a pessoa que vai usá-la. Atente para **que não seja muito estreita**. Durante a noite, a pessoa pode mudar de posição umas 20 vezes; se a cama for pequena, ela pode ir parar no chão.

Com respeito **ao travesseiro, não deve ser grosso nem duro demais**, pois manteria os músculos da nuca e a parte superior da coluna tensionados, podendo ocasionar dores musculares na manhã seguinte.

Qual é o tipo mais adequado de lençóis? Escolha os que mais lhe agradem, porém que não tenham fibras sintéticas, já que impediriam a descarga estática do organismo.

5. O QUARTO

Como norma geral, o quarto em que dormimos deve estar suficientemente arejado. Além disso, se a pessoa for propensa à insônia, deve estar pintado com cores suaves.

O quarto deve ser um lugar "isento de tempo". Se você decide se deitar, é hora de descansar e dormir, seja à uma hora seja às cinco da manhã. Alguns insones têm um relógio digital iluminado durante a noite toda e, quando lhes custa dormir, olham-no ansiosamente. Caso acordem no meio da noite, a primeira coisa que fazem é olhar a hora. Tanto faz que horas sejam, porque sempre é a hora errada. Há que se evitar isso, então... fora, relógios! Obviamente, para acordar na manhã seguinte à hora desejada, é necessário um despertador que, nesse caso, **deve estar em algum lugar onde possa ser ouvido, mas não visto**.

Embora uma cama confortável em um quarto tranqüilo, escuro e isento de temperaturas extremas não garanta um sono profundo, qualquer alteração nessas condições do ambiente provavelmente interferirá no sono normal.

6.2. Condutas que afastam Morfeu: diga adeus aos hábitos incorretos de sono.

A insônia é algo que não aparece da noite para o dia. Embora, em seu estado agudo, ao desaparecer a sua causa costuma desaparecer o problema, há pessoas mais propensas a ela, nas quais a insônia pode se agravar, caso adotem determinadas condutas, tais como horários irregulares de sono, sestas, passar tempo excessivo na cama ou uso do dormitório para atividades que não as de dormir.

Essas condutas, realizadas com a intenção de sublevar os efeitos provocados pela alteração do sono, em princípio podem ajudar a compensar a falta de sono, mas, a longo prazo, transformam-se em um problema persistente que, de outro modo, teria sido tão-somente transitório.

A seguir, damos algumas normas que devem ser seguidas.

a. Controle de estímulos

Tudo que estiver no ambiente quando você se dispuser a conciliar o sono deve estar associado com o ato de dormir, da mesma forma que se deve eliminar o que pode estar associado com o não dormir e que interfira no sono.

Vejamos algumas recomendações:

• **Deitar-se somente quando tiver sono**. Quando você se deita rapidamente sem ter sono, dispõe de mais tempo para repassar o que fez durante o dia, para planejar o dia seguinte e se preocupar com sua incapacidade de dormir. Isso é incompatível com o relaxamento e com o sono.

Você é daqueles que se deitam às nove da noite, com a esperança de estar dormindo às onze? O normal é que a essa hora não tenha sono, porque é possível que queira ler, ver televisão, escutar música ou simplesmente descansar na cama com a esperança de que essas atividades favoreçam o sono. Passar tempo demais na cama aumenta a agitação e exacerba as dificuldades com o sono.

• Uma vez na cama, se em 15 minutos não conseguiu pegar no sono ou conciliá-lo novamente, levante-se, vá a outro cômodo e faça alguma atividade tranqüila.

Se você se deitar no sofá, volte para a cama somente quando tiver sono. Não durma nele!

Repita isso tantas vezes quanto for necessário durante a noite toda. É pior rolar na cama e se preocupar por não dormir que se levantar e fazer outra coisa, até que o sono seja iminente.

Quando puser isso em prática, o normal é que as primeiras noites você se levante de cinco a dez vezes e até que não chegue a dormir. Não se aflija! À medida que a falta de sono aumenta, ao longo das noites, adormecer acaba ficando mais simples.

Algumas idéias que podem ajudar a sair da cama são as seguintes:

• Se fizer muito frio no inverno, deixe um cobertor no sofá.

• Se usar óculos, aparelho para ouvir, muletas etc., deixe-os ao lado da cama.

• Não deixe trancados ou em lugares de difícil acesso objetos que lhe permitam fazer coisas relaxantes, tais como livros.

• Se o ato de se levantar da cama for um problema para a sua companheira, utilize temporariamente outro quarto, se for possível.

É certo que sair da cama pode ser difícil e estafante; porém, seguir de maneira consciente essa norma o ajudará a associar sua cama e o dormitório com adormecer rapidamente.

• **Utilize a cama ou o dormitório exclusivamente para dormir**. Não coma, fale no telefone, assista à televisão, estude, papeie com os amigos, resolva problemas, preocupe-se, etc. no quarto, nem durante o dia nem durante a noite. As relações sexuais são a única exceção a essa regra.

b. Mantenha um horário regular

Manter horários regulares para trabalhar, relaxar e dormir ajuda a desfrutar de um sono reparador. A seguir, oferecemos uma série de recomendações sobre o que é preciso ter sempre em mente:

•**Deite-se e levante-se à mesma hora.**

•Se por algum motivo não puder se acostumar à hora habitual, **não retarde a hora de levantar por "dormir as horas preceituais"**. Levante-se à mesma hora em que costuma (mesmo que tenha lido até as 6 da manhã). De outra forma, a única coisa que conseguirá é que seu corpo "aprenda" a ler toda noite e dormir pela manhã.

Que dizer sobre a sesta? Talvez você já tenha lido ou ouvido que nunca se deve fazer sestas, porque pode impedir que durma bem à noite. Isso não está completamente correto.

Há pessoas que dormem mal à noite por terem realmente feito a sesta, outras, não. Por que umas sim e outras não? Parece não haver resposta para isso. No caso de uma sesta lhe ajudar, não deve abandonar esse hábito (sempre e quando lhe agradar). Não obstante, recomendamos que não dure mais de uma hora, que seja antes das três da tarde, sempre à mesma hora, e que seja feita somente na cama. Caso a sesta lhe prejudique, esqueça-se dela.

Da mesma forma que o sono pode se alterar por você levar um ritmo de vida irregular, **o fato de ele se estabelecer de forma rígida também pode lhe afetar**. Pode acontecer que você não mude o seu horário para ver um filme, ler um livro interessante ou participar de um projeto por medo de prejudicar seu sono. Se você se identifica com isso, relaxe e seja mais flexível! Possivelmente dormirá mal depois de um acontecimento interessante, mas, a longo prazo, viver uma vida aborrecida e rígida pode ser, pouco a pouco, tão mau para o seu sono quanto uma agitação excessiva.

c. Nunca "tente" dormir

Você se lembra de estar dormindo quando queria estar acordado (no ônibus ou assistindo a um filme), mas ficou totalmente desperto quando decidiu que queria dormir? É difícil ou impossível para você dormir à noite, mas o sono lhe vem quando chega o momento de se levantar?

Por que isso acontece? Muitas pessoas, quando têm problemas de sono, começam a rolar na cama e a "buscar o sono". O problema é que, quanto mais esforço fazem para dormir, mais se preocupam com sua incapacidade para consegui-lo, o que torna mais difícil que consigam dormir. Essas tentativas de apressar o começo do sono costumam ter efeito oposto, já que provocam um aumento na ansiedade. Quanto mais quiser permanecer acordado, mais fácil será adormecer e quanto mais tentar adormecer, mais tempo ficará acordado.

Alguma vez já tentou não dormir? Não, não estamos ficando loucos. Embora pareça raro, algumas vezes funciona, principalmente quando o que provoca a insônia são as preocupações. Como é lógico, propor-se a não dormir pressupõe fazer o que você mais teme: não dormir. Na insônia, o primeiro problema aparece com a ansiedade antecipada, isto é, quando antecipamos os acontecimentos negativos ou desagradáveis que vão ocorrer ao irmos dormir. Inverter sua atitude para o problema pode ajudar. Tente manter os olhos abertos, com o propósito de não dormir.

Por que isso pode funcionar? Porque, ao fazê-lo, a ansiedade antecipada não aparece, já que o objetivo agora é manter os olhos abertos e não dormir. Assim, as condições são apropriadas para dormir, porque o sono aparecerá.

d. Antes de ir para a cama, não se esqueça dos rituais

O que você faz antes de ir dormir? Antes de se deitar, muitas pessoas cumprem certos rituais, tais como ver as notícias, vestir o pijama, escovar os dentes, rezar ou levar o cachorro para passear.

Os rituais são atos que se fazem seguindo uma norma. Tanto faz se os rituais anteriores a ir para a cama são razoáveis ou não para os outros. O importante é que costuma ser de grande ajuda para conseguir que você se sinta mais confortável e relaxado.

Deitar-se na cama e fechar os olhos deve ser a última parte dos rituais noturnos para se ter um bom sono.

Por isso, se notar que um ritual lhe ajuda, mantenha-o; do contrário, tente trocá-lo por outro

e. Tenha um tempo para se desconectar

O cérebro não é um interruptor. Você não pode esperar trabalhar até as 11 da noite e estar dormindo às 11h04. **É necessário desconectar-se pouco a pouco**.

Há muitas formas de se desconectar. Uma delas é tomar um banho de água quente à noite ou receber uma massagem. Tire um tempo para fazer algo de que goste, ver um pouco de televisão ou falar com sua companheira, seus filhos ou seus pais.

6.3. Não deixe que os pensamentos joguem males passados em você

(00h00) "Que barbaridade! Já é meia-noite! Tenho de dormir porque amanhã vai ser um dia daqueles". (00h30) "Mas estamos muito bem! Claro, ontem à noite não dormi nada e à tarde não me agüentava em pé. Não tive outro remédio a não ser fazer a sesta... e agora não tenho sono". (1h) "Já perdi pelo menos uma hora de sono! Esse tempo já não recupero e amanhã não vou dar uma dentro". (2h) "Duas horas! Só posso dormir mais cinco horas! Isso não é normal, devo ter algum problema".

Parece familiar o que acaba de ler? Se você tem problemas para dormir, o mais provável é que tenha passado por isso mais de uma vez. Esses tipos de pensamentos que nos vêm sem nos darmos conta é um dos problemas fundamentais para conciliar o sono.

Esses pensamentos aparecem quando o momento de deitar e dormir transformou-se em uma situação difícil e, muitas vezes, desagradável. Se ao desejo de dormir se une, também, a necessidade de fazê-lo para poder estar em boa condição física e mental no dia seguinte, o interesse por conciliar o sono pode chegar a se transformar em obsessão.

Nesse caso, o problema não vai ser tanto a dificuldade de conciliar o sono com os pensamentos que não deixam dormir. Mas... é possível que isso não o deixe dormir? O problema não é o pensamento em si, mas o sentimento que decorre quando o temos.

Para que seja mais fácil ver como isso acontece, apresentamos um exemplo a seguir.

SITUAÇÃO
De manhã, durante o desjejum.
PENSAMENTO
"Como vou agüentar todo o dia depois da noite que passei?"
SENTIMENTO
Depressão, desproteção.

SITUAÇÃO
No trabalho, cansado.
PENSAMENTO
"Não agüento trabalhar por não ter dormido bem à noite".
SENTIMENTO
Enfado, irritabilidade.

SITUAÇÃO
À tarde, assistindo à televisão.
PENSAMENTO
"Esta noite tenho que dormir".
SENTIMENTO
Ansiedade, apreensão.

SITUAÇÃO
Preparando-se para deitar.

PENSAMENTO
"Que sentido tem ir me deitar, se sei que não vou conseguir dormir?"
SENTIMENTO
Desproteção, descontrole.

Dessa forma, quando você chega em casa à noite e se põe a ver televisão, o que vai lhe criar problemas para conciliar o sono não é pensar "esta noite tenho de dormir", mas a ansiedade que esse pensamento provoca.

Por isso, tendo em vista que o que você pensa também afeta o que sente e o que faz, em primeiro lugar vamos explicar algumas idéias equivocadas que você pode ter em relação ao sono. Em segundo, veremos algumas técnicas que podem ser utilizadas para controlar tanto esses pensamentos como qualquer outra coisa que lhe passe pela cabeça e dificulte a conciliação do sono.

a. Já é hora de mudar suas crenças e atitudes para como o sono

A seguir, descreveremos algumas crenças errôneas que você pode ter sobre o sono e que deve tentar modificar, se não quiser que se tornem um problema.

1. SOBRE AS CAUSAS DA INSÔNIA

Normalmente, quando uma pessoa tem insônia, ela a atribui à dor, a uma alergia, à menopausa, à idade, à depressão ou a alguma espécie de desequilíbrio químico. Certamente, tudo isso pode causar insônia! O problema é que somente levamos em consideração fatores externos a nós mesmos; tornamo-nos passivos, logo não tentaremos fazer nada por nós mesmos para melhorar a situação.

Por essa razão, é muito importante diferenciar entre o que *causa* a insônia e o que a *mantém*. Paralelamente ao que a tenha provocado (já analisado em outra seção), quase sempre há outras variáveis, relacionadas com o que a pessoa pensa e com sua conduta, implicadas na permanência da insônia.

Na medida em que se exerce o controle sobre essas variáveis, os padrões de sono melhoram. Por exemplo: embora a dor contribua para dificultar que se durma bem, os fatores psicológicos podem tanto aliviar como exacerbar essa dificuldade. Portanto, é importante adotar uma atitude mais consciente e assumir certo controle sobre esses fatores, se quisermos aliviar nossos problemas para dormir.

2. SOBRE SUAS CONSEQÜÊNCIAS

Se é certo que "não dormir" é um problema, as pessoas com insônia costumam piorar suas supostas conseqüências em seu rendimento, bem-estar psicológico e saúde física.

É preciso ter cuidado e não pôr a culpa de tudo no sono, pois, embora não dormir tenha suas conseqüências, as que são atribuídas à insônia são limitadas. Nem sempre podemos culpar o sono por nossas mudanças de humor, falta de energia e baixo rendimento diurno, porque eles podem ser provocados por muitas outras razões.

Se você se preocupa com as conseqüências de dormir mal alguma noite de vez em quando, a única coisa que conseguirá é agravar o problema, porque isso fará com que se sinta mais ansioso e diminuirá sua tolerância com a falta de sono, aumentando a probabilidade de que não durma bem na noite seguinte.

3. SOBRE O SONO

Quantas horas você pensa que precisa dormir para se sentir bem?

Ante essa pergunta, muitas pessoas respondem "oito". Na maioria dos casos, dão essa resposta porque é a quantidade de horas de sono que realmente necessitam para se sentirem bem na manhã seguinte, até porque existe a crença de que todo mundo deve dormir oito horas cada noite, a cada dia da semana, para estar bem no dia seguinte.

Esse pensamento costuma agravar os problemas de sono porque provoca ansiedade em algumas pessoas, já que se sentem pressionadas ao se imporem como objetivo alcançar essa quantidade de horas.

Algumas expectativas pouco realistas sobre o sono são as seguintes:

• "Devo dormir oito horas cada noite". Embora a média de horas de sono em adultos esteja entre sete e oito horas por noite, não deixa de ser uma média, de tal forma que algumas pessoas levam vidas muito produtivas com tão-somente cinco ou seis horas de sono, enquanto outras necessitam dormir até dez ou onze horas.

• "Devo dormir em poucos minutos". O tempo que alguém demora para dormir também é variável. Há pessoas que dormem tão rapidamente quanto se deitam, enquanto outras necessitam de mais tempo. Quanto mais? O limite costuma ser meia hora. Se demorar mais, possivelmente tem insônia de início.

• "Se acordo à noite é porque tenho insônia". O número e a duração de despertares aumentam com a idade, o que não indica que a pessoa tenha insônia. É muito provável que ela desperte mais vezes do que pensa. Geralmente os despertares que duram menos de cinco minutos não são lembrados.

É melhor **evitar a comparação do seu padrão de sono com o de outros**. Sempre haverá alguém que seja mais alto, mais rico ou durma melhor que você. Simplesmente reconheça essas diferenças individuais e tente se lembrar de que pode ser mais produtivo passando menos tempo dormindo.

b. Se não deixar de pensar nas coisas, não espere dormir

Há pessoas que, quando estão na cama à noite, custam a controlar os pensamentos, têm preocupações ou planejam o que farão no dia seguinte. Por isso se estende o período de vigília, precisamente no momento em que querem dormir.

Se isso acontece com você, há alguns jogos mentais que você pode fazer ao ir para a cama, principalmente quando estiver tenso:

• Deitado de costas na cama, imagine que é uma esponja. Os braços estão soltos e separados do corpo, os ombros relaxados e as pernas também separadas e sem tensão. Aperte o pescoço e a coluna contra o colchão. Respire profundamente, deixando que cada parte do corpo relaxe.

• Com os olhos fechados, conte devagar de 10 a zero, vendo os números mentalmente. Você deve percebê-los em progressão descendente, como se cada um estivesse em um degrau inferior de uma escada. Todos os músculos do corpo devem ir relaxando, enquanto visualiza os números.

Uma técnica que você pode praticar é a *imaginação*. O objetivo é favorecer o relaxamento e desviar a atenção de pensamentos negativos, que provoquem agitação. Por que se chama imaginação? Porque a idéia principal é que você centre sua atenção em uma série de situações ou objetos que deve imaginar. **Escolha uma cena tranqüila e imagine-se nela**: o sol o aquece suavemente na praia (esse é o princípio que explicaria por que, às vezes, "contar ovelhas" funciona).

Por meio da imaginação, pode-se criar sensações, como as de peso ou de calor, que favoreçam o relaxamento. Para facilitar a sensação de peso, imagine que as diferentes partes do seu corpo estejam pregadas no chão ou no colchão, que se afundam ou se transformam em concreto. Com relação ao calor, imagine como o sangue circula por suas veias, artérias e vasos capilares, nas diferentes partes do seu corpo.

Qual é a imagem que o relaxa? Use-a sempre que quiser relaxar. É muito importante que você empregue todos os sentidos para criar a imagem. Se imaginar o campo não somente deve vê-lo, mas também se concentrar em seus odores, sons e consistência (tato).

6.4. Isso serve para todos os tipos de insônia?

Quando a insônia é do tipo secundário, costuma acabar quando a causa que a provoca desaparece. Caso contrário, ela possivelmente persistirá. Se o que a provoca não é grave, é possível que ela melhore, seguindo-se as recomendações dadas neste livro. Por exemplo: se você for uma pessoa com tendência a mudar de ânimo e isso lhe causar insônia, ela pode melhorar se você aprender a relaxar (e praticar), fizer exercícios, controlar a alimentação e manter um horário regular.

Quando o que provoca a insônia é grave, a dificuldade de ela melhorar é maior do que quando não se sabe a sua causa. Seguindo o exemplo anterior, se o seu estado de ânimo estiver muito alterado por causa, por exemplo, de uma depressão grave, não importa o que você faça: até que a depressão não desapareça, a insônia tampouco o fará.

A insônia mais difícil de melhorar é a idiopática (também conhecida como insônia que se inicia na infância). Se for esse o tipo de insônia que você sofre, o que fazer? Seguir todas as recomendações deste livro mais conscientemente que as pessoas que sofrem qualquer outro tipo de insônia (praticar exercícios o suficiente, aplicar as regras de controle de estímulos, não tomar nada que contenha cafeína, etc.). Possivelmente, precisará da ajuda de um profissional.

Seja qual for o seu caso, deve estar claro que, **para melhorar os problemas de insônia são necessários tempo, paciência e esforço**. Para alcançar o objetivo de dormir logo e reduzir o tempo que passa acordado metade da noite, é preciso que siga tudo o que explicamos. O importante é a *globalidade* da intervenção e não cada uma das suas partes em separado, algumas das quais possivelmente já era do seu conhecimento.

6.5. Alguns casos que merecem especial atenção

a. Insônia de domingo à noite

As pessoas com "insônia da noite de domingo" passam uma noite terrível nesse dia. Isso faz com que tanto elas como suas famílias cheguem a pensar que são preguiçosas ou que não querem enfrentar as obrigações semanais, mas muitas vezes se deve a um fim de semana com um ritmo circadiano descontrolado.

Por exemplo: se sexta-feira à noite você sai e volta muito tarde porque no dia seguinte não tem de trabalhar, e na manhã de sábado fica na cama por longo tempo mais do que o habitual, seu relógio interno atrasará várias horas. Se também sair sábado à noite até mais tarde e se levantar na hora de almoçar, no domingo, seu relógio interno acumulará mais horas de atraso. Quando chega o momento de ir para a cama, dormir as horas suficientes a fim de começar bem a semana, para o seu relógio interno é como se ainda fosse cedo, pois ele não sabe que na realidade já são, por exemplo, 11h45 da noite (não era essa a hora de ir para a balada?).

E ainda soma-se a isso a ansiedade que implica enfrentar, em poucas horas, a pressão do trabalho.

Se, para você, a insônia da noite de domingo pressupõe um problema, deite-se em uma hora razoável na sexta-feira e no sábado à noite, e acorde à hora habitual no sábado e no domingo pela manhã. Certamente você estará um pouco cansado, mas assim não alterará seu relógio interno e conseguirá dormir na noite de domingo e acordar descansado na manhã de segunda-feira. Caso não consiga, ao menos tente fazer com que as diferenças horárias não sejam muito bruscas.

Tresnoitar não é o único fator que pode desestabilizar seu sono aos domingos. Jogar uma partida de futebol no domingo à tarde (principalmente se não costuma fazer exercícios) ou passá-la deitado no sofá também pode influir. Nesse caso, não é necessário deixar de desfrutar dessa maneira o seu tempo livre; somente tente mudar a partida de futebol para a manhã ou de dar um passeio curto à tarde, antes de jantar.

Em suma, a questão é: no fim de semana não faça uma ruptura absoluta com o seu ritmo habitual.

b. Dormir durante o dia e trabalhar à noite ou mudar de turno

Os seres humanos estão preparados para *dormir* à noite e não para *trabalhar*. Mesmo assim, podemos trabalhar quando deveríamos estar dormindo, mas, em geral, nossos hormônios e ritmos estão programados para funcionar otimamente durante o dia.

A civilização moderna tem incentivado o desenvolvimento de trabalhos que se realizam durante todo o dia e toda a noite, forçando de forma nada natural que algumas pessoas trabalhem à noite (evidentemente é inevitável a existência de alguns trabalhos nesse horário, tais como os realizados em hospitais ou pelas forças de segurança).

Os trabalhadores noturnos normalmente trabalham por cinco noites e têm os outros dois dias da semana livres, nos quais querem ver seus familiares, razão pela qual tratam de dormir à noite para estarem acordados durante o dia. Então, começa novamente o turno da noite no trabalho. Uma vez que a completa adaptação a uma mudança noite-dia leva duas semanas, as pessoas que trabalham nesses horários permanentemente alternados nunca podem se habituar ao ritmo por completo. Levam sua vida, alguns até 40 anos, em um perfeito *jet-lag*. Nessas circunstâncias, o humor se altera, o rendimento diminui e aparecem problemas de saúde.

Trabalhar durante cinco noites e então mudar o horário para estar com a família nos fins de semana não é bom, mas pior ainda é fazê-lo em turnos rotativos (uma semana à noite, uma semana à tarde e outra pela manhã). As pessoas que trabalham em turnos que mudam semanalmente costumam estar descompensadas com relação aos seus ritmos. Seria muito melhor ter períodos de tempo maiores para fazer a rotatividade, como três semanas, por exemplo.

Também se deve levar em conta que ir contra o relógio afeta mais o organismo que ir a seu favor, uma vez que a mudança no ritmo manhã-tarde-noite seria mais adequada que a de turnos noite-tarde-manhã. Claro que esses conselhos deviam ser dados aos responsáveis pela organização dos turnos!

Se você trabalha à noite ou por turnos, recomendamos o seguinte:

• Ao voltar para casa depois do trabalho, **reserve um tempo para relaxar e se desconectar, antes de ir se deitar**. Não espere voltar do trabalho às 11 da manhã e estar completamente adormecido às 11h30.

• **Estabeleça um horário de sono e cumpra-o**. As horas destinadas para o sono são para ele, e não devem ser sacrificadas, por exemplo, por reuniões com amigos.

• Faça com que seu quarto esteja o mais escuro possível e protegido de ruídos. Tente dormir em um lugar afastado da atividade familiar (uma cozinha barulhenta ou o banheiro).

• **Limite a quantidade de café, chá e qualquer outra bebida estimulante**. Beba somente no início da sua jornada de trabalho. Ao jantar, evite grandes quantidades de alimentos, comidas picantes ou de difícil digestão.

• Trate de estabelecer um horário de sono para os dias em que for mudar de turno. Por exemplo: quando seu próximo turno for à tarde, alguns dias antes, vá dormir mais tarde para facilitar a adaptação ao horário que se aproxima.

c. Vai ou vem? O *jet-lag*

O *jet-lag* acontece quando viajamos rapidamente por vários fusos horários, fazendo com que nosso ritmo interno, biológico, não esteja sincronizado com o horário do lugar para onde vamos. Quando chegamos ao nosso destino, estamos cansados. Apesar da fadiga, custamos a dormir, acontecem inúmeros despertares e o sono não é reparador (notamos o *jet-lag* especialmente quando atravessamos três ou mais fusos horários).

Em algumas pessoas também ocorre um pequeno *jet-lag* quando o horário oficial é mudado (adianta-se ou atrasa-se o relógio uma hora). Enquanto umas se adaptam a essa mudança de uma hora, outras necessitam de um tempo para se sentirem confortáveis.

Vejamos que conselhos seguir ao viajar atravessando fusos horários:

• **Planeje sua viagem**. Se viajar a trabalho, tente chegar ao lugar de destino dois dias antes de uma reunião importante, para ter tempo de se adaptar. Como muitas vezes isso não será possível, procure ao menos que a reunião seja feita em uma hora na qual você tenha certeza de que estaria acordado em seu lugar de origem.

• Antes de sair de viagem, **ajuste gradualmente suas horas de sono e de refeições às horas do lugar de destino**.

• No avião, **procure beber muito líquido** para prevenir a desidratação decorrente dos baixos níveis de umidade da aeronave (a desidratação faz com que o organismo tenha mais trabalho para ajustar seu ritmo circadiano).

• Quando chegar ao seu destino, mude a hora imediatamente. Não vá para a cama simplesmente por ter sono; espere até chegar a hora de dormir no lugar em que estiver. Saia para a rua, sente-se em um parque ou coma algo em algum bar e procure tomar a luz do sol diretamente. No segundo dia, exponha-se ao sol sempre que possível. No terceiro, pela manhã, seu corpo já deverá ter se ajustado ao horário local.

CAPÍTULO 7

Não se Aflija. Se Tudo Falhou, Procure um Profissional!

"CRÔNICA" É A PALAVRA-CHAVE. Normalmente, não é necessária a ajuda de um profissional quando a insônia é algo passageiro, mas, se o problema persiste e todas as soluções propostas neste livro já foram experimentadas, não sofra desnecessariamente e peça ajuda. Quanto mais tempo ficar pensando que nada pode ser feito com sua insônia, mais difícil será tratá-la.

Se sentir que o estresse, a ansiedade, os nervos ou os problemas emocionais são a base dos seus problemas de sono, e você não se sente capaz de resolvê-los por si mesmo, procure um profissional para ajudá-lo.

Por outro lado, lembre-se de que, em algumas pessoas, os problemas de sono podem ser provocados por causas médicas. Se nada do que tentou para combater a insônia parece funcionar e ainda não foi procurar um especialista, a primeira coisa que deve fazer é uma consulta médica. Certifique-se de que está bem informado sobre a evolução do seu problema e de tudo que fez para tentar solucioná-lo. Não aceite que lhe receitem rapidamente um sonífero; o melhor é pedir que façam uma investigação completa para averiguar as causas da sua insônia.

Para saber como funciona a ajuda especializada em transtornos do sono, explicamos a seguir algumas das soluções para sua insônia que o especialista pode aplicar em você.

7.1. Tratamento farmacológico? Somente com prescrição médica. Diga não à automedicação!

Os soníferos são os fármacos usados para dormir. Embora possam ser bons para intervir em um momento de crise, *jamais* devem ser usados de forma continuada para manter o sono. Deve ser o último método a se recorrer, somente quando outros já tiverem falhado, mas sempre sob prescrição médica.

As "pílulas para dormir" mais usadas na insônia são as benzodiazepinas (é o nome do princípio ativo). Reduzem o tempo necessário para iniciar o sono, diminuem o número de mudanças de postura e aumentam o tempo total de sono e sua eficácia. Essas vantagens são acompanhadas de vários efeitos colaterais que devem ser levados muito em conta. Vejamos alguns deles:

•**Não provocam sono natural**, pois modificam as suas diferentes fases. Isso pode fazer com que na manhã seguinte a pessoa esteja sonolenta e pouco ativa, como se não tivesse dormido um sono reconfortante.

•Entre os **efeitos colaterais** produzidos na manhã seguinte, cabe destacar a sonolência, deterioração da coordenação psicomotora, diminuição do rendimento, piora na memória e menor capacidade de concentração.

•**Seu uso durante certo período de tempo faz com que percam eficácia**, o que induz a pessoa a aumentar as doses para conseguir o efeito desejado. Em outras ocasiões, apesar de os soníferos já não surtirem efeito, as pessoas o continuam tomando para evitar a "insônia de rebote", ou seja, uma vez que o corpo humano aprendeu a "confiar" nos soníferos, sua eliminação pode provocar uma insônia muito maior que a original.

•**Se forem tomados de forma continuada, geram dependência química.** Isso quer dizer que, quando se tenta deixar de tomar essas pílulas, aparece a chamada "síndrome de abstinência", que consiste em insônia, irritabilidade, ansiedade, cansaço, dor de cabeça, problemas gástricos, sudorese, palpitação e tremores, entre outros sintomas.

Até a data, nenhum fármaco induz e regula o sono de forma idêntica à natural, e as benzodiazepinas não são exceção. Não obstante, no caso de que em algum momento você deva tomar pílulas para dormir, faça-o somente com acompanhamento médico.

O que acontece se a pessoa quiser deixar as pílulas para dormir que tomou durante anos? Se ela o fez seguindo a prescrição de um médico, não haverá problemas maiores, mas pode havê-los, sim, se ela estiver seguindo os conselhos de um "amigo".

7.2. Cronoterapia: não é coisa de crianças nem de "curiosos".

A cronoterapia é uma técnica que tenta sincronizar a vontade de dormir com as horas programadas para ir para a cama.

Quando é muito difícil que uma pessoa com dificuldades para dormir durma antes da hora habitual ao ir se deitar, a cronoterapia opta por retardar essa hora.

O tratamento começa estabelecendo a hora em que habitualmente a pessoa dorme. Podemos chamá-la de "hora de referência". Na primeira fase, a pessoa se deitará três horas depois da "hora de referência", e isso será mantido constantemente durante um tempo. Na segunda fase, realiza-se outro atraso, nesse caso, de seis horas em relação à "hora de referência". Continua-se com esse horário até o início da terceira fase, e assim sucessivamente, até que alcance a "hora ótima de sincronização", que é o momento em que os ritmos biológicos estão ajustados com o horário padrão.

Como se pode imaginar, é difícil pôr em prática essa técnica em época de trabalho, já que muitas pessoas não se podem permitir deitarem-se às 8h da manhã durante vários dias. Em outros casos, o especialista aplica a técnica em período de férias (é importante que se realize sob acompanhamento de um *expert*, porque, se for aplicada de modo incorreto, a insônia pode piorar).

7.3. Fototerapia, ou fazer com que o dia seja mais dia.

Você sabia que nove entre dez pessoas cegas têm problemas de sono? Muitas delas dizem que estão muito sonolentas durante o dia, têm problemas para dormir ou despertam freqüentemente durante a noite.

Sendo a luz um evidente indicador do momento do dia em que estamos, o que facilita o dormir, a fototerapia pode ser, em certos casos, um tratamento eficaz em pessoas com alguns ritmos de sono demasiadamente curtos ou longos.

Essa técnica consiste em colocar o insone durante determinado período de tempo diante de uma luz intensa. Assim, uma pessoa com sonolência diurna deve se sentar, por aproximadamente uma hora, a curta distância de uma lâmpada especial, no momento em que começa a sentir sono (a luz habitual dos quartos não costuma ser suficientemente intensa para produzir algum efeito). Durante esse tempo, pode-se aproveitar para ler, fazer exercícios físicos, etc. (Não é permitido o uso de óculos de sol porque essa técnica funciona atuando sobre a retina.)

7.4. Hospitais da noite: As Unidades do Sono.

Se você recorrer a um médico para solucionar seus problemas de insônia, é muito provável que ele o encaminhe a um especialista do sono. Eles se encontram nas Unidades do Sono, cujo objetivo é o diagnóstico e tratamento dos distúrbios do sono que você já conhece. Em muitas capitais e cidades brasileiras existem hospitais que dispõem desse tipo de unidade de atendimento.

Se o enviarem a uma Unidade do Sono, o que espera encontrar nela?

Primeiramente, farão uma entrevista, na qual várias perguntas serão formuladas para saberem sobre os seus padrões de sono, aspectos psicológicos e sociais, e as idéias e sentimentos que você tem com relação ao seu problema de sono.

Depois, o especialista decidirá se é necessário passar uma noite dormindo na Unidade. Se precisar dormir lá, podem lhe pedir que fique ali todo o dia, para poderem lhe aplicar testes e controlar o quanto você está sonolento.

Há pessoas que se perguntam como é possível dormir ali, se não conseguem fazê-lo em casa. Isso não costuma ser um problema. De fato, muitos insones dormem bem melhor na Unidade do que em casa. Uma das razões é porque, no hospital, a pessoa não está obcecada por dormir e não se esforça para consegui-lo. (Como já comentamos anteriormente, quanto menos esforço se faz para dormir mais fácil é adormecer.)

Uma vez que está na Unidade, vista o pijama e prepare-se para ir dormir. Você está só em um quarto, com um armário para guardar seus pertences. A única coisa realmente estranha é que parecerá uma central elétrica, já que um técnico conectará uns eletrodos em você para medir sua atividade cerebral, e um aparelho na orelha para medir o nível de oxigênio no sangue. Dessa forma, pode-se determinar se o seu sangue oxigena bem durante o sono. Se, por exemplo, você sofre de apnéia, isso permite avaliar sua gravidade. Também porão eletrodos nas suas pernas, para observar se elas se movem durante o sono, e no peito, para registrar a atividade cardíaca.

Os dados que recolherem durante as noites que dormir na Unidade permitirão que os médicos tenham um conhecimento detalhado e exato do seu problema.

* * *

Como você pôde observar, existem muitas coisas úteis para tentar melhorar a insônia. Se seguir as recomendações que oferecemos, pode acontecer que,

em princípio, você perceba que o seu sono piora e que, quando se levanta pela manhã, sente-se mais cansado que o habitual. Não desanime! É normal. Os benefícios tornam-se evidentes com o tempo e a prática continuada. **A constância com que seguir essas recomendações ajudará o seu sono a melhorar**. As pessoas que realmente as aplicam bem costumam começar a notar uma clara melhora em seus padrões de sono, depois de seis ou oito semanas de prática.

Lembre-se que essa não é uma batalha que você deve vencer sozinho. Se por mais que tentar não encontrar melhora, que o desespero não o leve a jogar a toalha. Aconselhamos que peça a ajuda de um profissional. Que a insônia não lhe tire o sono!

ALGUMAS PÁGINAS WEB DEDICADAS À INSÔNIA
(em espanhol)

Roncadores Anônimos e Associação de Distúrbios do Sono pretendem divulgar informações a pessoas afetadas pelos distúrbios do sono.
http://personal.redestb.es/suenyo.htm

Dr. Insônia.Com, como dizem em sua página inicial: "Este lugar é dirigido a todas as pessoas, milhões no mundo, que sofrem distúrbios de insônia. Para elas, com o fim de compartilhar suas angústias e sofrimentos, assim como também ajudá-las no caminho da sua recuperação, temos pensado (...)".
http://216.234.176.187/drinsomnio/index.html

Egalenia é uma *web* dedicada a temas de saúde, na qual você pode encontrar uma enciclopédia médica, que inclui uma seção sobre a insônia.
http://www.egalenia.com/ega/es_27.htm

PARA SABER MAIS

CHÓLIZ, M., *Cómo vencer el insomnio*. Madrid: Pirámide, 1994.

ESTIVILL, E., *Apuntes prácticos del insomnio: diagnóstico y tratamiento*. Madrid: I. M. & C., 1997.

LAKS, P. (1993), *Tratamiento del comportamiento contra el insomnio persistente*. Bilbao: Desclée de Brouwer, 1993.

MORIN, C. M., *Insomnio. Asistencia y tratamiento psicológico*. Madrid: Ariel, 1998.

PRACTICAL CONVERSATION GUIDE

ENGLISH SPANISH

Purificación Blanco Hernández

Guia Prático de Conversação
Inglês-Espanhol

Purificación Blanco Hernández

Agora você não precisa mais ficar desesperado porque fará uma viagem ao exterior e não sabe como "se virar" na hora de solicitar uma informação, pedir uma refeição, pegar um táxi, e em outras situações do cotidiano. Este guia bilíngüe em Inglês e Espanhol facilitará a sua vida. Portanto, não deixe de colocá-lo em sua bagagem, ele poderá fazer muita falta quando você estiver distante do Brasil.

GUÍA PRÁCTICA DE CONVERSACIÓN

ESPAÑOL PORTUGUÉS

Purificación Blanco Hernández

Guia Prático de Conversação Espanhol-Português

Jael Corrêa

Eis um guia prático de conversação que não pode faltar na bagagem de todo viajante. Tenha com você esse companheiro de viagem que traz um método prático e simples para se comunicar à base de frases utilizadas no dia-a-dia. Com ele, você tem acesso às palavras que mais utilizará durante sua visita a um país de língua espanhola ou portuguesa.

Memória, A
Dicas para exercitá-la e desenvolvê-la
Beatriz López Luengo

Se você começa a leitura um livro e ao final da primeira página já esqueceu o que acaba de ler ou fica como louca procurando a chave ou outro objeto que não tem noção onde deixou, não é preciso ser especialista para saber que está com problemas de memória. Mas uma especialista em psicopatologia e reabilitação cognitiva apresenta nesta obra dicas importantes para você exercitar e desenvolver a memória.

MADRAS® CADASTRO/MALA DIRETA

Editora

Envie este cadastro preenchido e passará a receber informações dos nossos lançamentos, nas áreas que determinar.

Nome _____
RG _____ CPF _____
Endereço Residencial _____
Bairro _____ Cidade _____ Estado ___
CEP _____ Fone _____
E-mail _____
Sexo ❏ Fem. ❏ Masc.   Nascimento _____
Profissão _____ Escolaridade (Nível/Curso) _____

Você compra livros:
❏ livrarias   ❏ feiras   ❏ telefone   ❏ Sedex livro (reembolso postal mais rápido)
❏ outros: _____

Quais os tipos de literatura que você lê:
❏ Jurídicos   ❏ Pedagogia   ❏ Business   ❏ Romances/espíritas
❏ Esoterismo ❏ Psicologia ❏ Saúde   ❏ Espíritas/doutrinas
❏ Bruxaria   ❏ Auto-ajuda ❏ Maçonaria ❏ Outros:

Qual a sua opinião a respeito dessa obra? _____
_____

Indique amigos que gostariam de receber MALA DIRETA:
Nome _____
Endereço Residencial _____
Bairro _____ Cidade _____ CEP _____

Nome do livro adquirido: ***Como Dormir Melhor***

Para receber catálogos, lista de preços e outras informações, escreva para:

MADRAS EDITORA LTDA.
Rua Paulo Gonçalves, 88 — Santana — 02403-020 — São Paulo/SP
Caixa Postal 12299 — CEP 02013-970 — SP
Tel.: (11) 6281-5555/6959-1127 — Fax.:(11) 6959-3090
www.madras.com.br

Este livro foi composto em Minion Pro, corpo 10/13,5.
Papel Offset 75g
Impressão e Acabamento
Assahi Gráfica e Editora Ltda. – Rua Luzitania, 306 – Vila Luzitania
CEP 09725-150 – Tel.: (0_ _11) 4123-0455